# 53 PULSACIONES

Rosa María Santana Vega

Aliarediciones

Corrección: Eladia Guerrero
Diseño de cubierta: Pablo Arellano
Maquetación: Aliar Ediciones

Depósito Legal: GR 305-2026
ISBN: 979-13-88058-90-5

Impreso en España

MIXTO
Papel | Apoyando la silvicultura responsable
FSC® C127630

Edita
ALIAR Ediciones
**www.aliarediciones.es**
*info@aliarediciones.es*

# 53 PULSACIONES

Rosa María Santana Vega

# PRÓLOGO

Nos movemos en el tiempo, que nos da la vida y nos la quita.

Somos pulsaciones de vida, que medimos en años, días, minutos, y en ese minuto que desboca en segundos, corriendo por nuestras venas, jugamos con las agujas del reloj para crear versos, al compás de los latidos del corazón.

Yo soy los años que cuento y mido en pulsaciones. A veces van lentas, en la inercia de la tristeza, y en otras ocasiones se desatan ante la pasión del amor.

«A veces solo un segundo», le contestó el Conejo Blanco a Alicia cuando esta le preguntó: «¿Cuánto tiempo es para siempre?». El milagro se realiza cuando en un segundo plasmas en un verso toda una vida, que queda para siempre.

***La autora***

## PULSACIONES

Voy deambulando por el abismo del alma,
encontrando en cada trecho pulsaciones
que me llevan a ti, Poesía.
Siento la levedad enardecida
del velo negro de las golondrinas,
y el susurrar del viento
trae a mis oídos ecos de ti.
Hambre que desespera por alcanzar
el dulzor de tu elixir, y la pena que se aloja
en los versos idos, en las palabras malgastadas,
y en el tiempo que borra el recuerdo del poeta
despojado de tu manto.
Mortaja que sella la boca y quiebra la mano
del aprendiz, que soy yo, en nupcias fallidas,
esperando el ansiado día que me lleves al altar
vestida de blanco.

## CONJURO DE AMOR

¡En disimulos, amor, en disimulos!
rozabas mi abrupta desembocadura
de espalda, parando en la escarpada
protuberancia de mis extremos.
¡Cual piel de castaña en erizo quedó,
de aquel roce, que en rutilante halo
la fuerza débil quebró!
¿Qué mágico conjuro ató mi lengua
con un beso sellado de tu boca,
donde la palabra se ahogó?
Conjuro, mi amor, de abracadabra
que al lecho me llevó,
con piel de hombre, perfume varonil,
un pizquito de mordiscos,
lazo de abrazo,
diente de conquistador,
ojos en almendras,
dedos de manteca de dioses
y un mucho de ti.

## TENGO SUEÑO

¡Tengo sueño!
¡Qué agotadora ha sido la vida!
Yo era alondra, y ahora...
¿Qué soy? ¿Pájaro de alas rotas?
¿O, quizás, solo es el sueño?
Él se ha ido...,
llevándose el nido de mi alma.
Ya no tengo a quién soñar,
y arrastro
el barro que moldea
los momentos
cuando mis oídos solo escuchan
el silencio de su despedida.
¡Macabra danza nocturna
se acuesta conmigo!
A veces bailo con ella, ¡a veces!,
pero me agoto en mitad de la danza,
y paro, no sigo..., ¡no!,
¡duermo entonces...!
Las mañanas, algunas,
me despiertan y me llevan
de sus manos, a mirarlas
en la luz del día,
cuando el sol se rompe
en rayos de ilusión...
¡din don, din don! Oigo campanas.

¡Me pesan las manos, ahora!,
y las teclas se han vuelto locas,
¡me desprecian
y huyen de mis dedos
cuando las toco! La erre, la te, la eme, la a
van como locas buscando al resto
para escribir muerte, pero la a se opone
buscando amor, intentando desperezar
a mis párpados, que llevan una losa
de frío mármol, no pudiendo despegar
del letargo de Tánatos.
¡Oh, amor decimonónico!
de *La dama de las camelias*,
lacónico soplo de vida breve
que se ahogó en la ausencia
del aire que respiramos,
cuando la cruel enfermedad
se adentró en su pecho.
A mí también me falta el aire
que perfuma Giardino Benessere
de la diosa Hera, ¡que necesito
para que Zeus me visite!
¿¡Por qué os miento, dioses paganos,
en esta mi desesperación!?
Rúbrica perdida de mi alma
donde ya no existo,
y tengo mis lágrimas guardadas
en un lacrimatorio, a la espera
de que alguien las seque.

# ¡DIME TÚ!

¿¡Dime qué niño corretea por tus venas,
cuando las cosquillas surcan mi cuello!?,
y, ¿¡dime en qué risa tuya me enredé,
cuando intentabas abrir la puerta de la luna,
para robar versos de Lorca!?
¿Qué seda prendiste de tus manos,
cuando tomabas las mías,
en el gesto desesperado
de no separarte de mí?
¿En qué copas de dioses te tornaste
que vivo embriagada de ti?
¿¡Y dime tú, vida mía, cómo me enamoraste,
que sin ti no puedo vivir!?

## POESÍA

Ciudad de luces del amanecer,
que velas el cielo que se desperezа
en la resaca de una noche estrellada
y de «miel helada que la luna vierte».
Versos corren desesperados,
buscando al poeta, y
«pasándome el amor de parte a parte»,
siento a Gala en las luces
que se desvanecen,
y loca de amor
mis ojos mojan
el aire que respiro.
Poesía, quiero poseerte,
pero no vislumbro
palabras en los fríos ladrillos,
ni en las Torres de Babel, y el viento
me trae en aullido
la luz del amanecer,
distorsionando él la música quebrada
de los versos que escribí,
del Lorca que sentí: resignada
de gotas muertas en los cristales,
y mi mano temblorosa esbozando
palabras de amor, en renglones desordenados
que buscan golondrinas y una rosa blanca,
para «Hacerme un poema que vista nuestro amor».

# VIENTO

¡Átame el heraldo viento
portador de presagios
en sus rugientes fauces!
Desolado queda el paraje
y desnudo el árbol a su paso.
Emigran las hojas a lugar plácido
cuando Eolo desata su ira y brama
incorpóreo a tu encuentro,
cortando la yugular
con el frío acero de sus esquirlas.
¡Átalo al foso marino para que las olas
ondeen gráciles en su espuma,
y las gaviotas posen sus alas,
y en la quietud
de una noche de amor
sea Céfiro brisa,
en el fuego que acontece!

## BOTONES

¡Se abren, se cierran, e impúdicos,
a veces,
muestran lo que no se ve!
Culpables del pensamiento lujurioso
que la imaginación crea,
juegan al desbroche
en los pasadizos del amor.
Solícitos de caricias carnales,
musitan crujidos,
fingen caídas, y roturas, entre
dedos crédulos de pureza virginal.
Teloneros en la ópera prima de la creación,
mostrando a Eva y Adán
ofreciéndose la fruta
prohibida. A veces tras el telón
se encuentran
la tristeza marchita de la rosa
o la inquieta obra de Fausto,
que conjura un final de infierno
para el que se lanza en brazos
del placer terrenal,
¡pero... cómo olvidar el cancán
donde los botones se abren al kamasutra
o al romántico
*El sueño de una noche de verano*,
y a Calixto y Melibea

descubriendo cámaras secretas,
con botones como testigos!
Ni el paso del tiempo elimina
a esos actores
necesarios de la psique humana,
¡y tan necesarios!, que a veces los ves
actores secundarios,
adornando segundas pieles,
sin papel relevante
en la ejecución de la obra;
simples atrezos del paisaje,
pero cuando abren las cortinas
del laberinto recóndito del alma
se muestran triunfantes
en el papel protagonista,
acumulando todos los Óscar
de la academia de la vida.

## TIEMBLO

¡Tiemblo, sí, como la luna sobre el mar
en el vaivén de las olas,
y la hoja que se resiste a caer de la rama!
¡Tiemblo, como el sol despidiéndose
con el velo moruno de las nubes
que lo retienen en una sensual danza!
¡Tiemblo, sí, cuando su voz se hace
música, en la noche que despierta
a la Cenicienta que llevo dentro,
haciéndome apurar el sorbo
de su elixir, antes de perder el zapato,
abandonando la fiesta del amor
entre caricias y carroza de calabaza!

## ÁBACO

¡Cómo me perdí, amor mío!,
en el ábaco de tus frases,
en la suma de las desganas
y la resta de los *te quiero*.
Dividí los cientos de miradas furtivas,
y multipliqué las lánguidas,
bajo el hechizo de tu embeleso,
en las centenas de millón.
¡Juro, mi vida, que el ábaco
suma quereres y resta desamores!,
y se aclara, cariño,
que entre el veinte y cuarenta,
«veinte años no es nada»,
si en la suma lograda
nos queremos tú y yo.

## ¡NUNCA!

¡Nunca tuve tanto espacio
como en tus brazos
abarcando mi cintura!
¡Nunca... fue mi cuello tan blando,
como en tus dedos de mantequilla, y...
en el infinito de tu mirada
navegaba la mía buscando el refugio
de su orilla!,
porque nunca fue, ni tuya ni mía,
y nunca me sentí
tan dueña de mi vida
cuando a ti te la entregaba,
porque nunca estuve tan viva.

## EN MIS ZAPATOS

En mis zapatos quieres ir
sin saber qué bulle en los pies,
sin conocer mis grietas,
ni el quebranto de mis dedos,
ni de los pasos que doy sin ti.
Te quieres colar en mi frío,
en los días ateridos,
y en los que me queman.
Te crees diseñadora del 37,
que en verano aumenta uno
porque no se amedrenta del asfalto,
y cuando entiendas que de un mismo
diseñador salen múltiples zapatos
comprenderás que yo soy solo una.

## LA ENFERMEDAD

Este fantasma, el que nos visita
sin tocar en la aldaba,
habita oscuro y desafiante,
se presenta triunfante,
impidiendo cerrar
la ventana del alma,
y en crueldad desalma
de crudeza Morgana,
de cuento legendaria,
de romanticismo decimonónico,
ella, pasionaria,
¡es la enfermedad!
Vestida en diferentes diseños,
que a los que acoge como dueños
los cubre de ansiedad.
Cruel espada despojada de gloria,
manchada en sangre sin lucha
de víctima maniatada
en el filo de la guadaña.
Gime la hojarasca
por viento del momento
y en su crepitar
se oye el mudo lamento
de la flor que marchita,
de esa margarita
que en pétalo arrancado
llora en su soledad infinita.

Solemnes los cipreses,
altaneros y erguidos,
no se inmutan ante la muerta vida,
están ahí para dar fe,
testigos del que se fue,
y cuando la noche extiende su manto
naufragas en ahogado llanto
con velas negras, en ese navío
llamado vida, que en camino deshecho
sigue el cauce de su río,
y se acerca a la desembocadura
que lleva a ese océano ignoto,
y ahí, espera la respuesta callada,
duda en la que pernoto
del orto y el ocaso.
¡Parcas!, ¿con qué hilo habéis hilado,
medido y cortado? ¿No os fijasteis
que era hilo de dolor, y de amor,
que cada hebra de la vida humana
sea larga, corta o mediana
llora por lo que dioses
no tienen piedad:
la fría enfermedad.
Engendro en carne trémula,
que en desespero y sufrimiento
busca cruzar la laguna Estigia,
y en el dolor navegar, a sotavento.
Gorgona del mirar hambriento
a ilusiones que el amor prestigia.

## REINA

Reina que nací
de mi mundo interior,
me convirtieron en plebeya.
¡Oh, vida de cadenas
que los castillos forjan!
¿En qué trono se me despojó
de la substancia divina?
¿Qué filoxera mató la vid
que me sustentaba, la flor que de mí
emanaba, en el intento de ser feliz?
¿Quizás yo, en mi intento de desposarme,
te dejé ser rey y yo concubina de
*Las mil y una noches*, encerré al día
velando al sol, y el despertador me recordó
que aún estaba viva.

# MI POEMA

¡Ven raudo y veloz que estoy asustada!
¡Quiero un velo en cada pestaña!,
y que veas lo que mi alma entraña,
tamizando en él mi faz arrugada.
Estoy en ti como niña enamorada,
sintiendo una daga punzante,
a oscuras en laberinto de Dante,
ahogada, y en pudor refrenada.
Eres mi poema, ¡estira el papel,
y no frenes mi mano! ¡Tú eres mi amo!
¡Déjame deslizar signos de amor!,
¡déjame describir un vergel!
Eres mi mensajero y contigo clamo
poseer el don embriagador del licor.
¡Deja que te acaricie en tus márgenes,
que corra tinta en tus comas, en venas,
en la aliteración y metáforas,
y para el tiempo para las imágenes!
¡Llévame a lo alto de una almena,
para llenar de lágrimas las ánforas,
y gritar que él tiene mi alma en pena!
¡Llévame tú al párrafo tercero,
para decirle a él cuánto le quiero!

## METAMORFOSIS DE LA MARIPOSA MONARCA

En larva eras primero,
y te olvidaste preciosa,
mi hermosa mariposa,
que yo te di el sendero.
Volaste rauda y orgullosa,
sin un adiós, ni un te quiero,
sin tu flor en mi vivero,
con tus alas de diosa.
Te di mimos en crisálida,
te alejé de tierra acuosa,
fui contigo generosa,
cuando naciste escuálida.
Te acompañé en el sol
para secarte tus alas,
y ya vestida de gala
mi monarca cumplió el rol.

## ¡CALLA!

¡Shhh! ¡Calla, guarda silencio!
¡Cierra tus ojos que quiero
mirarte, que quiero oler tu piel
de hombre, y respirarte!
Sibilino te acurrucas como gato
en su miau, miau, enrollándote
en mi pelo y trepando
en mis montañas
de temblorosas emociones.
La luz del sol se va alejando,
proyectando una sombra que
cae sobre el lecho de tu piel desnuda,
en tu torso de estatua renacentista,
insuflando fuego al venerado David
y al ancestral pétreo falo,
de culturas del sol naciente.
Viril en tus caricias de seda,
se torna mi piel de azucena,
y la noche se hace alada.
La luz huye para no sentir
pena de la oscuridad,
que no puede ver
tanta belleza entre un hombre y
una mujer.

## CAPERUCITA ENCARNADA

Viene la fragua bajando la loma,
y blanca era la enagua, blanca;
a roja fuego cambia la paloma,
en sueño febril de su mente franca.
«¡Roja no, encarnada, que viene el diablo!»,
en la misa de doce así lo aprendías.
«¡Que pecas, que pecas! con ese vocablo»,
escuchabas entre rezos y letanías.
En encarnada capucha iba la niña
cuando el lobo la acechaba
y escondida y turbada,
y el consejo viejo de abuelita
cambió su rumbo a donde
la bondad moraba.
En camino viejo y polvoriento,
despojándose de su capucha,
libre de cadena y aspaviento,
llegó a casa de su abuelita,
cambiando el final del cuento.
Creció la niña encarnada,
conociendo a fuego escrito
esas máquinas del tiempo,
esos libros que resucito,
mostrando una verdad descarnada,
que no era el lobo el proscrito,
sino la oveja en verdad disfrazada.

## LAS GOLONDRINAS

Puntitos negros en el cielo,
que revolotean cuando el sol
se despide en el horizonte,
se acercan planeando
como avioncitos de juguete,
y me traen el recuerdo de que
ellas siempre vuelven, vuelven
a traerme tu nombre
prendido en la madreselva,
en la rosa que me regalaste
y en la sonrisa tenue de tu mirada.
El familiar trizar de esas pequeñas
vestidas de esmoquin bordea
el sonido del pensamiento, que
vuelve y vuelve, aunque ya tú no estás.

## AMOR DE DIOSES

Condena a amor forzado
dictaminaron los dioses,
bajo cadenas de tu poderío,
ni Zeus pudo con el amor mío,
ni las Parcas midieron el tamaño.
El oráculo marcó mi destino
cuando Ulises partió a Ítaca,
te esperé con el telar vacío,
y los hilos de mi amor
deslizándose en baliza,
allí tejí el camino,
y las olas del mar
te trajeron a mi encuentro,
el embrujo de Circe deshice,
en el puerto infinito
donde atraca el recuerdo.

# EL CASTILLO DE ARENA

Haciendo un castillo de arena,
moldeé la torre
y la colmena.
Hice un puente levadizo,
pero se rompió
cayendo al foso
y me tuve que agarrar
a la reja de entrada,
para no quedar
desamparada.
En lo alto de la torre
coloqué un caballero,
un escudo y su escudero;
una lánguida
princesa mirando a oriente,
donde la tierra se elevaba
en una niebla de polvo,
aparecía un caballero
galopando,
en él, un jinete con corona
asomaba en el confín de mi mirada,
y mi blanca tez se tiñó de rojo,
perturbada ante aquella
gallarda figura.
El rey en sus aposentos
preguntaba por mí,

y su sierva vino a mi encuentro
para preservar mi recato
rompiéndome el relato, año aquel
que por vez primera me enamoré.

## EN LA LUNA

En las montañas de la luna
dejé colgando mis pupilas.
¡Mi luna...!, solo puedo ver
tu pelaje al revés, gris
y apagado.
Me dejaste como gato
sin puerta en la gatera
de esa luna triste, que me mira
recelosa y encogida, huyendo
de mis sueños, empujada
por nubes que nublan mi visión.
Luna de lágrimas blancas
y lecho de algodón,
¡acúname en tus brazos!
¡No me dejes caer... no me dejes caer...!
¡No me lleves a los confines del dolor!
Y en mi mansedumbre al amor
¡llévame contigo a mar abierto
y parir olas que lleguen a mi orilla!
Para llena de ti, y en ti, crecer de pleamar.

# HILOS ROTOS

¿Qué rueca del telar dañó el hilo
que brindó cariño a la vestimenta?
¿En qué momento se vertió la hiel que nubla
la brújula de los puntos cardinales del respeto,
la empatía, el cariño y la razón?
Pobre el deambular por la tierra de todos
pisando el derecho y la libertad de elección
de los hijos de la vida, esgrimiendo la cruel
espada despótica que rasga vestiduras ajenas.

## LA CRUZ

¿De dónde salió el madero
en el que ataron a Jesús?
¿Qué árbol cayó en desdicha
que de él sacaran la cruz?
Vil madera sentenciada
a muerte, maniatada
del conjuro fariseo.
¡Árbol de ramas secas
estéril y maldito que sin culpa
del infinito fuiste elegido!
Sombra árida sin hojas
para llorar, ni agarrar.
¿¡Por qué no cuentas a todos la verdad!?
¡Di que tú le tomaste en tus brazos
y que cuando ÉL caía
tú le agarrabas con fuerza!
¡Di...! que bebiste su sangre,
y que en túnica roja vestías,
y al sangrar sus clavos
¡a ti, a ti... te dolía...!,
y clamando Él al Padre
tú llorabas invierno.
¡No llores llanto eterno,
ni sueltes astillas de espinas,
que tuviste la suerte
de ser imagen divina!

## LA VIDA EN UN DÍA

Se tornó el cielo rojo
el día que ella lloraba gris,
y un mirlo blanco se acicalaba
las alas, haciéndole sonreír
con su pico rojo.
De repente las nubes se apartaron,
y asomó tímida la luna,
pendiendo del negro velo de la noche,
haciéndole dormir.
Despertó de nuevo,
cuando el sol se despojaba
de su bata de algodón blanco
y el *déshabillé.*
El llanto y las risas confluyeron
entre la luna y el sol.

## LA VIDA QUE SE VA

Álgido recordatorio
trae la mañana
de los años idos,
sin despedirse, enjutos,
sin retorno,
llevándose un trocito
de luna,
disuelto en el
hastío del alma.
Las estrellas nacen
y mueren,
en la metamorfosis
estelar,
dejando alas rotas
en la Tierra.

## LLORAR

¡Hoy quiero llorar!
Lloro lágrimas viejas,
¡tan viejas, tan viejas!
No recuerdo cuándo comencé
a guardarlas en las vacías cuencas
de los testigos, niñas grandes, niñas
pequeñas que lloran
en el blanco mar de los ojos,
las pestañas mojadas ¡pesan tanto!
El dolor está atado en el pecho
con las engrilletadas costillas, que
se clavan en la trémula carne.
A veces en el día,
la noche se deja la luna encendida,
y una tierna complacencia se cuelga
de las lágrimas.

## AGUA

Agua en templanza
que el naciente otorga
en tu correr.
Viva con voces
que dejas tras de ti,
escritas en piedras
y en el musgo de las orillas
que te abrazan.
Prístina y pura
muestras tu semblante
en las escorrentías de manantiales
donde bocas gentiles
sacian su sed,
dejándote río ufano
en la piel de tu memoria,
las mil y una lunas
que en los cuentos de amor
se han mirado en tu
espejo
para verse brillar.

## A JESÚS

Sigue la vida girando, sigue...
y el hombre peleando,
siempre peleando...,
en la oquedad del sinsentido,
en el odio que mancilla la verdad
que Tomás dudó.
Llaga viva que palpitó
a sus pasos.
En ella creo cuando sus huellas
borran las mías,
porque me lleva en sus brazos.

## EL POEMA

La anguila de listón azul
tiene el reconocimiento
al mejor ritmo
del fondo del mar,
así el verso, saltando en las
líneas del papel,
tiene el galardón,
en la modalidad
de salto atlético,
entre pértigas de alejandrinos,
saltos de altura de la copla
y el triple salto del soneto.
La sinalefa une la gimnasia rítmica
de vocales, entre cintas y aros,
proporcionando armonía y elasticidad
al poema olímpico.
La aliteración se presenta
en la modalidad de tiros,
con el «Verde que te quiero verde»,
obteniendo un gran prestigio, y
la metáfora, con vestido de satén,
se luce en la alfombra roja,
más roja aún, si cabe,
recogiendo el premio
a la mejor creación del hombre:
el poema.

## EL VERSO

Se resiste el verso a la rima y a las imágenes
en el abismo del desnudo papel.
El lápiz llora soledad en su evanescencia
de corta vida y en la despótica goma que
lo envía al ostracismo de la belleza.
Las ideas huyen del pensamiento caótico
que anula la guillotinada creación,
en el ruido ensordecedor de lo prosaico.
Me prestaste el verbo del amor,
que yo te devolví conjugado
en el pasado perfecto,
ahora lucho en mis infaustos intentos
de escribirte algo nuevo, pero pesa la diéresis
y estoy intentando alcanzar la sinalefa
para unir de nuevo el verso a una extensión
que me permita crear una metáfora de amor
en el poema de la vida.

# MI FALDITA ROSADA

Saqué del baúl la faldita aquella que guardaba como memento.
Es rosada y con pliegues estilo inglés.
Tenía catorce años y ella se quedó con ellos, no envejeció,
no me fue fiel. Se guarda intacta en su belleza virginal de niña,
dejando que los años envejeciesen mis hilos,
ya hoy remiendos frágiles de la existencia.
No ha envejecido como mi esqueleto,
ni mermado por falta de rigidez.
Ella se desplegó ante mí con un aire de triunfo maléfico,
que se mezcló con olor a naftalina,
anudándome a la garganta el zurcido de la melancolía,
que todo lo hace sentir como el mejor episodio de la vida,
vomitando de impotencia porque nunca volverá.
Pero una cosa sí me iluminó el rostro,
que un bolsillo interno, casi secreto,
cedió a mis temblorosos dedos, deslizándose por
un sombrío agujero por donde caía el tiempo,
recordándome que ya estaba almacenado en
mi mochila de vida todo lo necesario para el viaje final.

## TE QUIERO

Voy navegando en el papel
entre islotes de minúsculas,
atolones de comas y continentes
de mayúsculas.
Mi vela vuela a barlovento
buscando un banco de adjetivos,
y tirando una red de enmalle
me encuentro un cardumen
de metáforas, entre un pecio
del amor hundido, que quiero rescatar
para hallar un poema que diga: *Te quiero.*

## ¡DÉJAME IR, AMOR!

¡Déjame ir, amor, déjame ir!,
que él ya no me quiere,
que quizás nunca me quiso, ¡¿quizás no?!
No se recogen granos que en ciernes sembró,
ni agua que en cántaro derramó.
Su amor se ha ido sin billete de vuelta,
¿por qué insistes, amor, en permanecer en cubierta?
Las olas que a proa se disuelven,
en blanca espuma de sus crestas, no vuelven.
No fue mi amor de un día, ni luz de candil inerte,
¡qué tristeza la pena, qué triste perderte!
¡Quítame los grilletes que me tienen prisionera!
¡Aplícame la ley que al enamorado exonera,
que bajo hechizo pecó!
¡Oh, amor, dulce amor!,
cierto que de luz vistes la oscuridad y que tú,
¡atemporal!, la vida haces vibrar,
sin medir horas vividas ni la fuerza de un volcán,
ni del navegante a la deriva que tuviste que rescatar,
pero ahora, amor, ¡déjame, que muero por su amor!,
y él no me quiere ya.

## EL AMOR ROTO

Se ha roto la plata Luna,
en trizas de añicos blancos,
descosiendo una a una
las perlas de tus encantos.
No bañan tus pies la espuma,
océano tranquilo y manso,
ya se envuelve en bruma,
lienzo de pecho en remanso,
y en vuelo de mariposas
el pudor llena de deseo,
no mueven alas las diosas,
no sientes el cosquilleo.
¿A dónde has ido, mujer,
que en tu alma habitabas?,
¡vuelve las riendas a coger,
viste de estrellas doradas!
Y en playa de tus sentidos,
deja el agua correr,
ungiendo recuerdo herido,
que existe otro querer.
¡Deja recorrer camino,
aunque esté caminado!,
¡deja fluir el destino,
deja el clavel enraizado!,
y bebe del junco viril
y del árbol del manglar,

que el mes de abril
hace a las flores brillar.
¡Saca besos del joyero!,
que tenías escondidos,
que de tu interior fuero
por otros son recibidos.
Y al mirar la plata Luna,
sentirás cerca la fortuna,
que ella en hermosos trazos
ata sus rotos pedazos.

## LLUVIA DE ABRIL

Lluvia de abril, breve pasajera,
de equipaje ligera,
transitando por la estación de la vida,
entre la madurez de otoño y el tórrido verano.
Trémula humedad de mis amores vanos,
te mueves entre ropajes de ínfulas de creación,
trayendo el aroma del Empíreo.
Febril lluvia de abril que nos mojas
la quietud que sonroja
su cuerpo en el mío.
Serena, menstruando la semilla de la vida
desposándote con los ríos,
celosa de los amores míos,
y con lagos y flores,
ciñendo tu cintura, Iris con lazos de colores.
Pasajera del tiempo que rompes mi quebranto
en la nostalgia de su boca,
en sus palabras locas,
que húmedas en la mía se convertían
en canto.
Violadora de mi secreto,
mojas mi agua
como el arroyo cubre la agüera
y el borde de la enagua.

En tu caer plácido, de lenta monotonía,
borboteas palabras, ecos de un *me quería*,
y lloras en mis lágrimas aquella tarde del adiós,
cuando en tu agua nos mojábamos los dos.

## MÁSTILES

Los mástiles son como liñas
en la altura irregular del paisaje,
donde pájaros cuelgan sus cansancios,
y miradas perdidas
trazan escalones en la imaginación.
Desafiantes escopetas que se engalanan de múltiples colores
apuntando al viento, y a ignotas tierras soñadas.
Se burlan del reloj humano
y de la falsa posición de sus banderas,
violando leyes que en el mar imperan.
Húmedos falos de agua salada,
erectos ancestros de origen primario de vida,
evocadores de gestas,
y bastiones de héroes
que han dejado sus huellas indelebles en ellos,
en el recuerdo colectivo de la humanidad.
Emergen como apariciones
que en las retinas se elevan hacia nubes,
fantasmas de las orillas,
trapecios de corazones
que columpian de un lado a otro de las fronteras
esos amores que se van.
Guías de estrellas, y delatores de la luna,
robándoles porción de haz de luz,
iluminando surcos amados en rostros de tu mente,
y siluetas de la madre Tierra.

Lápices que trazan líneas en el mar
dejándose por el viento llevar.
Así son los mástiles de mi ciudad.

## ME DUELE LA VIDA

Te he leído soñolienta,
me pesaban los párpados,
y en cada letra faltaba un acento,
en el verso una coma.
La metáfora martilleaba mis recuerdos
de aquel amor de juventud,
pero en el punto y aparte desaparecías,
bailando ante mí la mofa de la ironía,
o el repetido y monótono epíteto,
que con locuaz elocuencia era más bien una letanía.
Me pesaba en la espalda la mochila de tus adjetivos,
tus palabras zurcidas en el vestido ya ajado de mi piel.
Hasta la carátula dibujada me sonreía con la máscara
de la tristeza de la musa Melpómene, esa figura antagónica
que te hace reflexionar el verso,
para en realidad abrir tus ojos al sí o no de ¿me quería, no me
quería?
Una vida machacada en el almirez de mi cocina,
buscando la sazón a mis insípidos días,
¡cuánta melancolía!
El desgarro de mis hojas hechas jirones,
o trazos en mi historia, borrones,
que desdibujan lo que te quería.

## MI SUEÑO

Soñé ser nido
donde tu ala diera sombra
y bajo tu cobijo
ser hogar y honra;
calor de lumbre
bajo el cielo que nos cubre,
ser luna que te alumbre
en tu momento solitario.
No quiero ser hoja de mortuorio
ni morir en las cuentas de un rosario,
no quiero un amor transitorio
volando en la ruta lejana
de un pájaro migratorio,
sueño ser la luz que emana
dentro de ti
y volverme tangible amor
para encontrarme en mí
y despertar.

# MI PATIO

Me gusta mi patio
cuando la noche
se cae dentro,
deslizándose por las paredes,
y un farolillo de estrellas la alumbra
en su negra faz.
Sentada en un sillón me acurruco
bajo la tenue luz de la luna
sintiéndome observada
por las criaturas de la noche,
que acompasadas con el tictac
de mi corazón ensayamos
una partitura mágica
de sonidos inéditos,
listos para grabar, bajo la batuta
del sol, marcando el compás de la luna,
y es aquí cuando estalla la ópera prima
de la naturaleza,
y cuando la luna ya asoma en lo alto,
lúbrica y hechicera, la noche
saca colmillos, abriendo la yugular
para el eterno amor.

## SILENCIO

¡Qué silencio en esta soledad,
embargando mi sentir!¡Cuánta nostalgia
anega mis recuerdos, atándome la magua
como la piedra del suicida que se arroja al mar!
El horizonte se quiebra en el ocaso del día,
mientras la noche se cuela en mi garganta,
robándole el eco de sus gritos
y dejando las cuencas de los ojos roídas
por cuervos que se comen la luz.
Te llevaste el último encuentro
pendido en la etiqueta de poco valor,
de tu chaqueta de hombre, y
me dejaste estatua desnuda,
con el recuerdo en ruinas
de nuestro amor.
No queda ni barco del naufragio
en el vasto mar de nuestras almas,
solo una pequeña balsa de Crusoe,
a la deriva de lo que pudo ser.
¿En qué momento bajé sin traje de buzo
a las profundas fosas del ser,
buscando los sedimentos del fondo de tu querer?
¿En qué momento me puse *on sale*
en las rebajas de tu escaparate?
¿En qué momento te quise tanto
que el pecho se gastó de tanto amor

hasta quedar vencido en el campo de batalla
bajo la lanza de tu indiferencia?
¿En qué momento corté el lazo que nos unió
cuando te fuiste sin avisar por la puerta de atrás
y el silencio me despertó?

## UNA HISTORIA DE AMOR ENTRE LETRAS

Caminaban de la mano,
entre los renglones primeros de la historia,
moviéndose por acentos y rimas.
En versos se acariciaban
cuando metáforas veladas jugaban al deseo
y sus bocas se encontraban en el centro del papel,
entonces,
los adjetivos se tornaban voluptuosos
y unían las palabras
en caricias desenfrenadas
que turbaban al tabulador
hasta hacerle retroceder a las palabras compuestas,
cargadas de sensualidad,
y al deseo de la culminación,
donde la palabra *amor*
comienza a tomar forma.
Ya el desespero de esa relación
se sucede
cuando los renglones escritos
abarcan el papel hasta los márgenes
del mental infinito
de una historia de amor,
retozando en la admiración los corchetes,
los paréntesis...
y cuando un hiato amenaza con desunirlos,
ellos bordean el punto y final,

hasta quedar extasiados en el punto y coma,
uno sobre el otro,
culminado el acto final.

## LA LUNA

Llevo la ternura de la luna
impregnada en mi mirada,
esa luna que se refleja
como lago colgante del cielo,
y te pone en la boca
la miel dulce de la queja,
en la oscuridad complaciente
que la muestra.
Hay una dulzura que nos une
en la intimidad del tiempo,
testigo enamorado, ¡clavel y
puñal del primer amor!
Rosa que se abrió
para acoger a la mariposa,
mágica confidente y
¡lúbrica observadora del cristal
trémulo donde la lluvia corrió!
A veces en llantos de sangre
se muestra en puñal gitano de celos.
¡Luna vieja!, plata que viertes
en la sombra del vampiro,
para perseguir al enamorado,
eterno prisionero del amor.
¡Llena tú!, me complaces en
la ensoñación, y huidiza, a veces,
te encoges sin decir adiós,

pero en certeza
de que vuelves al amor
yo te espero.

# CUANDO YO TE ESTOY AMANDO

No puedo olvidarte en la noche oscura,
cuando las dudas se alargan,
y el olor húmedo del mar cubre el teatro chinesco
de las sombras.
Tú te mueves serpenteante
en la sábana blanca del abrigo, y en las orillas
donde las trémulas piernas se bañan.
La inquietud
se agita en la voz silenciosa del alma,
y embriagada del vino de tu boca
deja volar la mariposa del deseo,
desnudándola de la crisálida.
En tu abrazo de plata,
viejo amor,
viejo barco cruzando el río de mi vida,
vas soltando lastre,
sin atracar en los nudos atados del océano
donde mi balsa permanece, y tú retornas y te vas,
vuelves y te vas,
en el loco vórtice de mi vientre
donde cuelgan las caricias,
haciendo brotar el rojo bermejo de la piel erizada,
¡mientras yo te estoy amando!
La Luna celosa de tanto querer
se sumerge en la fragua del amanecer
mientras tiembla un beso en el estridular del grillo

y en las hendiduras dulces de tus comisuras
se aloja la brisa que mueve las alas blancas de Leda.
Bravos, tempestuosos penetran los ríos al mar,
llevando escarcha dulce en sus bocas,
¡cuando yo te estoy amando!

## TE SIENTO

Te siento al mirar esa puerta verde
donde habitas tú, ¡amor mío!
La abro en mi recuerdo y te veo allí,
sentado con tu cabeza entre mi pecho
marcando los pasos de mis latidos,
que se aceleraron la noche aquella
que fuiste mío.
Fue una noche encendida con la luz apagada,
extasiados en la entrega,
y nuestros cuerpos unidos,
leyéndose el uno al otro
en las páginas desnudas
de nuestro primer libro.
Algunos renglones bailan en mi mente
turbados por el pudor
que mis recuerdos no quieren leer.
Bebimos del hallazgo del placer,
como sedientos exploradores
al encontrar un manantial de agua,
pero el tiempo fue saciando la sed,
y difuminando letras,
y torcidos renglones,
que al intentar enderezar
se hicieron borrones.
Ahora te siento, sí, en el sollozo
detrás de una puerta,

que ha perdido su verde color,
y la esperanza se ha difuminado,
pero mi deseo la pinta de nuevo,
¡y la pinta! cuando te siento detrás de ella
dando color a la esperanza de que tú
también me sientas.

## LA LLUVIA

La lluvia me envuelve
en esa nostalgia inocente
de la niña
chapoteando en lágrimas
estancadas del cielo,
nubes germinadas por el mar
pariendo ríos y lagos.
Lluvia mansa
de humedad ancestral
que me embriaga
con olor a castaños y helechos,
corriendo calle abajo,
sacudiéndose la magua y la melancolía
del encantador atrezo de tu sonrisa.
Tiene algo que vulnera
el secreto del alma
al contacto con tu letargo del sol,
ese jugar entre dedos,
deslizándose soberbia y cautivadora,
robándote tu mojada intimidad.
Mitológico Zeus
poseyendo a los mortales
disfrazado de agua.
¡Lluvia...! llevas tanta huella primigenia
que abruma el secreto
que encierra tu sonido al caer en la tierra
transformándola en vida.

¡Qué fuerza tienes en ti misma!,
que golpeas recuerdos ajenos
en los sentidos del alma.
Tu olor a madreselva y rosales
nos envuelve
con su poder de madre:
tierna, protectora y castigadora,
haciéndonos volver al origen de nosotros mismos,
germinando el desierto árido
del conocimiento,
despertando la espiritualidad.
¡Calle abajo vas!
desbordándote en laderas y adoquines,
perfumada de ciudad,
y tocas con tus alas
en ventanas y cristales
rompiéndote en el llanto lento de mi mirada,
trayéndome el recuerdo
de él y de mí cuando en tus aguas
nos mojábamos los dos.

# ¡DAME LA ROSA LIBRE!

¡Rosa, tú!, trémula flor de ojal,
corona de espinas
trepan en tu rosal,
y de ahogado respirar
de esa vida breve
pinchas la roja sangre
que tú has de libar.
¡No quiero prisionera
de servil mariposa
ni avispa maliciosa
que no te deja escapar!
¡Te quiero en tu rama, viva y roja,
como el sol al despertar!
¡Llevas en tu savia
la sangre de Jesús,
la espina de la rosa
y el dolor de la cruz.
¡Libre, te quiero libre!
Libre para amar,
cadenas de esclavos fuiste
en las bodas de Caná.
Entre el agua y el rojo vino
surgiste, en milagro divino
de mano celestial,
de novia en la boda,
para espina perdonar.

¡Rosa, tú!, enamorada
de la cálida mano que acaricia,
de esa suave brisa que besa
en ese libro de amor que reza:
que una rosa es espina y rosa
y está para enamorar.

## LA PASIÓN

Llevaba tanto calor dentro, que,
en su camino de témpano,
se derritió
en las aguas de la indiferencia.
La hoguera del amor
aún permanecía encendida
en sus más ínfimos rescoldos
esperando una chispa que la atizara,
esperando que su mano frotase las piedras
mágicas del fuego
y la hiciera resurgir de sus cenizas,
pero si el ave fénix lleva mucha carga
sus alas no remontan el vuelo
y te consumes en tu propio calor,
esperando a un explorador
que se adentre río abajo del iceberg
guardando tu fuego en una antorcha
y mantenerlo alimentado
al abrigo de la tormenta,
bajo la techumbre del amor,
donde el fuego aviva la pasión.

## OPERADORA

Operadora de una terminal
donde nadie responde,
entre crujidos de cables
del pensamiento.
Nadie al otro lado musita transitoriedad
en tus soliloquios lastimeros,
y aun regalando palabras de amor y consejos
no hay correspondencia
en el mensaje,
pero sí interferencias
y desvíos hacia números desconocidos.
En el listín del amor
tu número está desvanecido
y jugando con tus deseos
el destino te pone en línea
con un alma que marcó equivocado.
¡No!, la serendipia
no se ha mostrado a tus deseos
de encontrar aquella
voz enamorada, si ni tan siquiera
encuentra tu voz
en esta vida lastimera,
porque viene la espada
que cabeza de ilusión secciona
bajo la mirada de Gorgona,
cortando la comunicación.

# IMAGINACIÓN

Como un blanco corcel desbocado,
en una bella gruta de ensueño,
penetras en mi secreto pequeño,
dejando el corazón enamorado.
En tu libertad, Cupido alado,
disparas finas flechas al azar,
no poniendo ojo al encauzar,
pequeño rubio, loco y despistado.
Me montaste en corcel equivocado,
en un cruel juego del destino,
equivocando mi duro camino
sobre mi blanco Pegaso alado,
y en esa gruta de la maravilla,
con amor imposible que se llora,
otra lánguida mirada me implora,
entre el dolor de mi alma sencilla
y en fauces de plata, en mi secreto,
pido ayuda al constructor Geppetto,
dar vida a su corazón de madera,
y que él solo a mí me quiera.

# EL INVIERNO

El invierno trae consigo
el impulso tierno del abrazo,
en la búsqueda interna del calor
que las nubes roban al alma.
Se tiñe gris el pensamiento
en la nostalgia del verano
que ya pasó, de esos años
donde brotaban las trebolinas
y el amor se vestía de sol y luna.
No vuelan mariposas,
ni las golondrinas
«tocan con el ala en tus cristales»,
pero en la timidez del sol,
entre las alas de la imaginación,
vuela el beso que me dejaste
con la calidez que me abriga
en este frío invierno de mi alma.

## LLUVIA EN TI

Llevo la voz quebrada por tu agua,
¡lluvia! Mojando mis recuerdos
sobre el silencio roto
de mi alma.
Traes contigo
la fuerza de la tierra
y el despertar de los sentidos
bajo esas nubes germinadas
por el mar,
pariendo ríos y lagos
y rompiendo el atrezo de tu sonrisa,
al deslizarse por las callejuelas
de su boca.
Cabe el sol en sus ojos,
que me iluminan azul,
y es tanto el calor que llevo
que este recuerdo suyo
se derrite cuando me mojas de ti,
y húmedo el asfalto huele
cuando te pienso cayendo en él.

# MELANCOLÍA

¡Cuán triste viajo en mi tiempo!
añorando saltos en corro infantil,
y huelo el recuerdo de árbol
quebrado al viento
y a mi madre prendiendo un candil.
Siento en mi piel crujir
las asadas castañas,
y brotan de mi pelo burbujas de limón,
comprado en la botica
de las gentes extrañas
que vendían jarabes para la tos,
el alma, y hasta un botón.
Me sumerjo con un membrillo
lavándolo en el agua de las olas.
Mordisqueándolo, y en el oído,
con una caracola,
cierro mis párpados en el sol
escuchando el ruido del océano
muy dentro de mí.
Hoy sé que el plácido ruido
era mi sistema arterial,
sonando como el mar.
¡Oh, inocencia perdida!,
yo solo anhelo recordar
que en aquella caracola
cabía todo el mar,

y en la mañana aquella,
de especial brillo,
una mariposa voló a mi vientre,
llenándome de néctar de simiente,
que al volar el espacio-tiempo
florecieron enraizadas en mí,
despertando en la flor unos pétalos
el día en que te vi.
No tiene el diccionario definiciones
en explicación a las sensaciones
del roce de tus palabras con las mías.
Brotaba un manto invisible bajo pies
impidiendo caer de bruces,
bendiciendo todas las cruces
que en camino encontré.
Se enredaban tus dedos
en mi ensortijada cabellera, en fina enredadera
trepando entre mis muros,
haciendo vibrar los corazones
y a mí toda entera.
Como el violín, tambores, piano y coro,
elevada a lo sublime, sin decoro,
en «Fortuna Imperatrix Mundi»
de *Carmina Burana*,
sentí quemar el sol a la mañana.

# ÍNDICE

*Este libro se terminó de editar en Granada*
*en marzo de 2026 por*

Aliarediciones

www.aliarediciones.es
*info@aliarediciones.es*